Miguel Angel Herrera Parra

Oda a ciudades y lugares de Chile, mi hermosa patria

Miguel Angel Herrera Parra

Oda a ciudades y lugares de Chile, mi hermosa patria

Rescatando la parte humana y espiritual, en medio de un país que se va desarrollando en lo económico

CREDO EDICIONES

Cover image: www.ingimage.com

Publisher:
CREDO EDICIONES
is a trademark of
International Book Market Service Ltd., member of OmniScriptum Publishing Group
17 Meldrum Street, Beau Bassin 71504, Mauritius

Printed at: see last page
ISBN: 978-620-2-47878-6

Oda a ciudades y lugares de Chile, mi hermosa patria

16° libro de Miguel Ángel Herrera Parra

Santiago

Índice

	Página:
Índice	02-03
Arica	04
Iquique	05
Antofagasta	06
Calama	07
Copiapó	08
Vallenar	09
La Serena	10
Coquimbo	11
Valparaíso	12
Santiago	13
Rancagua	14
Curicó	15
Talca	16
Linares	17
Chillán	18
Los Ángeles	19
Concepción	20
Temuco	21
Valdivia	22
Osorno	23
Puerto Montt	24
Isla de Chiloé	25
Coyhaique	26
Punta Arenas	27
Angol	28
Cañete	29
Coronel	30
Lota	31
Talcahuano	32
Cauquenes	33
Puerto Varas	34
Puerto Aysén	35
Cochrane	36
San Antonio	37
Algarrobo	38
Santo Domingo	39
Talagante	40
Melipilla	41
Lautaro	42
Villarrica	43
Lonquimay	44
El Tabo	45
Viña del Mar	46
San Felipe	47
Los Andes	48
La Ligua	49
Ovalle	50
San Fernando	51
Santa Cruz	52
Pichilemu	53

Hualañé	54
El Quisco	55
Pucón	56
Lebu	57
Cartagena	58
San Pedro de Atacama	59
Cobquecura	60
La Calera	61
San Javier	62
Limache	63
Quillota	64
Pozo Almonte	65
Alto Hospicio	66
San José de Maipo	67
San Carlos	68
Quilpué	69
Rengo	70
San Rosendo	71
Victoria	72
Graneros	73
Andacollo	74
Mejillones	75
El Salvador	76
Caldera	77
Tierra Amarilla	78
Los Vilos	79
Combarbalá	80
Concón	81
Casablanca	82
Villa Alemana	83
Quintero	84
Parral	85
Santa Juana	86
Curanilahue	87
Quirihue	88
Buin	89
Tomé	90

Arica

Joven playera, extasiada, en eterna primavera,
oasis en la explanada, desértica y lisonjera.

Portuaria y de valientes, personas energizadas,
limítrofe, que, en tus fuentes,
construyen, esperanzadas.

De aymaras y de los quechuas,
de peruanos y chilenos,
que conviven, en mil leguas,
compartiendo los senderos.

De las momias más antiguas,
de mujeres que nutrieron,
la vida en el Norte, en paz,
que por su raza sufrieron.

Los silentes ariqueños,
son concientes celebrantes,
que interactúan risueños,
como atentos navegantes.

Histórico morro altivo,
monumento sideral,
de una cultura, cautivo,
que hoy se niega al funeral.

Carnavales y bailantes,
entre alpacas y vicuñas,
y llamos itinerantes,
de las más heroicas cunas.

Arica puede parir,
un futuro trascendente,
Arica, ¡hasta morir!,
fiel a tu estilo candente.

Iquique

Puerto de gran crecimiento, histórico, trascendente,
su centro es un monumento, para el presente, inmanente.

Dejad de estereotiparlo, no es chumbeque, ni es la zofri,
más que tierra de campeones, que Baquedano y del pobre.

Acogida cariñosa, entre olores marineros,
de su gente luminosa, del Perú, son sus abuelos.

Todo el día y en la noche,
con sus bailes religiosos,
desde Cavancha, en derroche,
a la Tirana, orgullosos.

Pueblo que danza contento,
mezcla el dolor y esperanza,
que supera aquel tormento,
de celebrar no se cansa.

Su empuje y su ironía,
con su humor y su templanza,
conviven, en armonía,
ayer y hoy, en alianza.

De oficinas salitreras,
de Pisagua y de Matilla,
de Humberstone y de Alto Hospicio,
de Pozo Almonte y de Pica,
de los pueblos pintorescos,
te nutres todos los días,
"Cuide la Cocha, que es suya"
que a todos nos pertenece.

Iquique entero te enseña,
a amar la historia, conciente,
desde su rada y su estrella,
"¡Al abordaje valiente!"

Antofagasta

**Desde tus cerros cansados,
se deslizan esos niños,
que, como ángeles alados,
te demuestran sus cariños.**

**Tu plaza y tu catedral,
tus calles y tu mercado,
hablan de un mundo ancestral,
que busca ser respetado.**

**No se duerme Antofagasta,
se despierta en campanadas,
no es su gente iconoclasta,
quiere cantar sus jornadas.**

**La silenciosa Bolivia, habla en esos corazones,
que rezan, en fiel vigilia, en nuevas generaciones.**

**Esperanza y humanismo, entre llantos y emociones,
frente al nuevo oscurantismo, aporta rito y canciones.**

**Ciudad larga que envejece, y crecen sus construcciones,
en mar y cerros protege, con sus barcos e ilusiones.**

**Persevera, en sacrificio, tejiendo días mejores,
alejándose del vicio, que carcome sus valores.**

**Perla del Norte grande,
perfecta desconocida,
que nutre a la patria, expande,
tu sabiduría escondida.**

**Tus líderes futuristas,
van surfeando por tus cerros,
asumen riesgo de artistas,
soñando con nuevos tiempos.**

Calama

Eres una piedra preciosa, bañada por el dinero,
por las remesas del cobre,
te consume tu misterio.

Ciudad de dos mundos que se miran
y que se tocan, por interés de comer.
personas dinamitadas, y mujeres solitarias,
niños que sueñan navegando,
por el Loa, rumbo al mar.

Mundo naranja, alentado,
que creció comiendo a Chuqui,
minero, el mejor rentado,
que se centra, solo aquí.

Hay flores en tu desierto, de perlas entre la arena,
desértica, como un lamento, que embellece tu bandera.

Familias y convivencias, permanentes, temporales,
madres que sufren carencias, en egoísmos fatales.

Tu pasado boliviano, emerge, en cada segundo,
en el presente, larvario, de inmovilismo comprado.

Miles de botellas, cientos de mujeres,
y miles de estrellas, en tu seno abierto,
dime, al fin, Calama, ¿qué es lo que tú quieres?,
¿has vendido tu alma al diablo, en concierto?

Calama, es la que aclama, al triunfador cuando triunfa,
ganándose muy buena fama, Calama es la que te ama.

Te olvidas de tus memorias, de tu pasado, lejano,
de tus regiones e historias, por el dinero en la mano.

Pero, sigues respirando, aunque te quieran matar,
semillas de bien van brotando
¡y el amor te va a sanar!

Copiapó

**Ciudad chilena del norte,
lo más chileno de todos,
herida verde en el corte,
del desierto y sus recodos.**

**Ciudad de buenos pastores,
de su pueblo fiel, minero,
que añora los indicadores,
de humanidad, con esmero.**

**La belleza de los cerros, iluminados y esbeltos,
se aprecia, por los viajeros, videntes, ciegos y tuertos.**

**Los humos contaminantes,
se filtraron de Paipote,
y vencieron, semejantes,
venenos, de aquel lingote.**

**En su catedral atenta,
se sabe de las familias,
de los mineros, alerta,
mil ausencias y vigilias.**

**Bella plaza renovada, ahuyenta a pájaros negros,
que ensuciaban la morada, y a turistas desatentos.**

**En esta tierra amarilla, se secuestraron los trenes,
que decoraban la villa, con mineral por sus rieles.**

**Familias tradicionales,
dieron vida por sus pampas,
calicheras y pirquenes,
cual flores, bellas estampas.**

**Copiapó crece y se expande,
con su aroma de la fe,
la Candelaria es su madre,
que sabe apagar su sed.**

Vallenar

Mientras tu plaza adornada,
radiante y reverdecida,
frente a la iglesia, marcada,
ama tu gente, querida.

La altura del largo puente, enmarca la buena vista,
de una ciudad diligente, que quiere seguir su pista.

Entre fósiles marinos, y metales valorados,
se alimentan los vecinos, en sus toldos colorados.

Las casas de los pitufos, marcaron aquella historia,
por su pequeñez y tufos, de dolor y días de gloria.

Eres perfecto vergel, oasis muy bien pintado,
en medio del gran mantel, del desierto calcinado.

Del árido mapa, emerges, cual Atlántida del norte,
que, en tu ritmo, proteges, y a la muerte, das su corte.

La compañía de María,
que refuerza el altiplano,
de evangélica alegría,
con su solidaria mano.

Su fe la funde, en las rocas,
su esperanza, está en sus besos,
su amor, en piedras preciosas,
su fortaleza, en sus rezos.

Florido desierto, vivo,
río Huasco te bautiza,
y te mantiene cautivo,
con plata y cobre, te atiza.

Tu producto principal,
es tu pueblo penitente,
con su alma, elemental,
y su corazón valiente.

La Serena

**Colonial arquitectura,
bienvenidas, cotidianas,
tu parque de la escultura,
y alegrías meridianas.**

**Tu catedral siempre acoge,
a peregrinos cansados,
y tu marea recoge,
a seres esperanzados.**

**En esta ciudad serena, me atacó un gran temblor,
cerebral, mi vida, arena, se derrite, con su ardor.**

**Desde tu histórico centro, al lindo valle del sol,
del Elqui, que muy adentro, y acariciarme es su rol.**

**La Recova, artesanías, hermosas, que con los años,
me encuentro esas carestías, y he vivido desengaños.**

**Tu faro que alumbra al mundo, y evita las colisiones,
de naves, del trotamundo, que va buscando emociones.**

**Por cuatro esquinas, Peñuelas, por tu playa y costanera,
verdades y sus secuelas, ¿y estás creciendo, altanera?.**

**El serenense cautivo,
de las hermosas doncellas,
del pueblo andino, nativo,
que las siente, como estrellas.**

**Papayas bien confitadas,
y un pisco tan afinado,
personas entusiasmadas,
hablando rápido, al lado.**

**Serénname, La Serena,
de aquel estrés laboral,
me brindas tu casa, plena,
bálsamo, anti funeral.**

Coquimbo

Lugar de aguas tranquilas,
puerto, tan enamorado,
entre piscos y tequilas,
das tu abrazo, entusiasmado.

La cruz del tercer milenio,
la mezquita dominante,
son signos de tu amplio genio,
cosmopolita, es tu talante.

Tus calles, tan circulares,
y con tus largas pendientes,
panoramas trifocales,
del mar, de casas, de gentes.

Pueblo sencillo y amable,
que expulsaron a piratas,
y en la Pampilla, no me hable,
de un tesoro, que rescatas.

Tus festejos y sonrisas,
aspiraciones y brisas,
la pobreza, en tus cornisas,
y tus sueños, hecho trizas.

Brillas tú, Coquimbo,
y así, dominas el valle,
no te quedas, en el limbo,
tu alma, que está en la calle.

Y así tu confianza, se aprecia de lejos,
desde lontananza, y sin catalejos.

Comunidad efervescente, festival de las personas,
celebras más, que otra gente, de tu país, que perdonas.

Solidaria es tu presencia, popular, por todos lados,
la felicidad, tu esencia, eres un centro de hermanos.

Valparaíso

Desde el Cerro Barón,
a la playa Torpederas,
reloj Turri, mi corazón,
te brinda flores sinceras.

La plaza de La Victoria, la catedral bien porteña,
Playa Ancha en la memoria, feliz, su gente risueña.

Conozco desde mi infancia, tu monumento de calles,
sinfonía de fragancia, del puerto, gritos de valles.

Bajando y subiendo,
volviendo a bajar,
comprendo, ascendiendo,
en mi peregrinar,
por senderos, viendo,
la bella ciudad.

Paraíso de hermandad, que ni las hormonas,
ni alcohol, ni maldad, borran tus lindas zonas,
de humana bondad, sencillas, simplonas,
hueles a humedad.

Voy a ver las luces, no del año nuevo,
a asumir las cruces, del mar, su relevo,
y gratis, de bruces, quiero tu consejo,
calla, y no me uses, quiero el catalejo,
y mirar tus buses.

Verdura y marina, mariscos, boleros,
quiero tu cocina, peces, y veleros.

De Pancho, Francisco, que cuida a la gente,
más pobre, del risco, acróbata, urgente.

¿Vas al paraíso?

Santiago

Te he recorrido, inquieto, como ciudadano, atento,
desde mi niñez, mi reto, has sido mi campo abierto.

Mi infancia por tus laderas, por el ombligo de Chile,
por museos y embajadas, por parques y por los cines.

Mi juventud, en tus teatros, en iglesias misioneras,
donde se asumen banderas, de humanismos y trincheras.

Mi adultez, crear familia, convencida y convincente,
sirviendo en larga vigilia, al Sol que nace en oriente.

Yo amo completamente, mi Santiago del Extremo,
del Nuevo extremo del mundo, mi corazón y mi mente.

Mi dolor es que destruyan, tus personas y tus calles,
tus memorias y tus luchas, tus historias, tus paisajes.

Y las palabras enfermas, soeces y maltratantes, y las basuras
pequeñas, los abusos tan gigantes, deshumanizan las huellas,
y desafían a habitantes.

Te han bombardeado, invisibles, los feroces capitales,
tu arquitectura, imposibles, han trocado tus bondades.

¿Cómo puedes vivir allí,
entre violencia y cemento?
¿Por qué no buscas la paz,
que acaricie, sin tormento?

Yo vivo, donde yo quiero, y aquí me toca aportar,
para tejer mundos nuevos, mi Santiago, es mi cantar.

Quinta Normal y Ñuñoa, Cerro Navia y San Miguel,
Estación Central activa, aprendí a buscar el bien,
llorando y esperando, gozando y haciendo miel,
por el centro y por Renca, al alto Peñalolén,
rincones de mi Santiago, que humanizaron mi piel,
y a mi alma que salmodia, la hizo elevarse también.

Rancagua

Es linda ciudad, sitiada,
en el pasado y presente,
ya que hoy vive arrinconada,
por el comercio imponente.

Ayer, por los españoles,
un desastre te brindaron,
y, ahora, por grandes "moles",
te vendieron y estafaron.

Tu Alameda, diferente, que, ser copia, no podrá,
de la capital, conciente, tu identidad, se impondrá.

Tu centro histórico, clama, por la vida independiente,
de ese reino que reclama, adueñarse de la gente.

Es urbe sacrificada, se ha probado en el dolor,
atrapada y asediada, que renació, con honor.

Mercedario escapulario,
que ha protegido tu faz,
del patrio abecedario,
es cañaveral de paz.

Renace de tus cenizas,
ciudad del bien nacional,
la patria nueva, y sus brisas,
región del río Cachapoal.

Tus rodeos y tus cuecas,
tus fondas y tus clarines,
tus huasos, con sus mil muecas,
sus caballos y sus crines.

Rancagua, mira al futuro,
resiliente, en tu humildad,
que luchas rompiendo el muro,
de injusticia e inequidad.

Curicó

Ciudad de las aguas negras,
de victorias olvidadas,
con vera paz, siempre alegras,
gente de fe, empecinadas.

Tu cerro Condell, que eleva,
centenas de volantines,
por la patria que releva,
valor de los altos fines.

Calle Montt con Membrillar, esquina que ha transformado,
nunca me podré olvidar, de tu aroma perfumado.

Así, los sismos, cambiaron, mil casas, tu catedral,
tu cultura, trastocaron, del yeso hasta el pedernal.

Tus frutas, y tus viñedos, tu acogida provinciana,
agua y harina, y enredos, la trilla que muere, anciana.

Son tus tortas curicanas, aquellas que nunca acaban,
se cuela por tus ventanas, los tiempos en que te alaban.

El ramal a Licantén, ha muerto, no santamente,
no quedan rastros del tren, que alimentó a nuestra gente.

Ciudad de la prehistoria,
de mi amplia constelación,
familiar, de fiel memoria,
de esfuerzo y liberación.

El campo que te sostiene,
todos los días te canta,
loas, salmos, te contiene,
te canta y tu mal, espanta.

Me fui para Curicó,
pero a Talca, yo fui a dar,
porque nadie me explicó,
el mapa del verbo amar.

Talca

El trueno de tus silencios,
de ciudad fiel, provinciana,
con tu historia y tus desprecios,
sorprendes, cada mañana.

Pues no hay propia artesanía, ni hay voces, del frente a frente,
se vive en esa armonía, que se calla, penitente.

Acoges cuando te place, te amoldas a tu paisaje,
en el Cerro te complace, la Virgen, guía tu viaje.

Viñedos, frutas y flores, tu tierra rica, enriquece,
a patrones "superiores", y, a los demás, entristece.

Griten los valles maulinos, pongan palabras al sol,
que sus volcanes ladinos, erupcionen tu ilusión.

En tu estación ferroviaria, empobrecida e indigente,
en tus calles, tributarias, de tu verso, sorprendente.

El Piduco, con tu pueblo, que se empobrece, impotente,
ven a Uno Norte, de nuevo, por la plaza, a Quince Oriente.

No mates tu buen ramal, no vendas historia y casas,
¡levántate a caminar!, Talca, que siempre te atrasas.

Hubo un pastor diligente, Don Carlos, supo alentar,
y él, conociendo a su gente, sirviendo, supo enseñar.

Alma, del alma de Chile,
de la patria, el corazón,
son tus pobres que, hoy, te piden,
más justicia, con razón.

Trueno con trueno, es más trueno,
tus silencios y secretos, es mordaza y desamor,
construye en ti, todo lo bueno,
Talca de Chile, trueno de amor.

Linares

Me ha encantado tu alma,
y no sólo tus veredas,
ni tu iglesia, que está en calma,
ciudad sureña, me enredas.

Caballos, huasos y aperos,
campos, flores y monturas,
modernizan tus aceros,
hoy, te elevas hacia alturas.

El amor y la familia, la educación y el trabajo,
la fe, que te reconcilia, como pueblo, desde abajo.

El tren visitante pasa, ya marcó tu buena historia,
por otra ruta, a tu casa, vengo amando tu memoria.

Sencilla y amable, respiras en paz,
chúcara, e indomable, como un huaso, bien capaz.

No envidias el mar, ni quieres desiertos,
tus tierras, de amar, tus cielos abiertos.

Linares, la campesina,
la pujante y transparente,
que invitas a tu cocina,
a una cena, permanente.

Granero y bodega,
tu generosidad,
que ora y que ruega,
plena humanidad.

Me saco el sombrero, humilde,
ante tu opaca, grandeza,
soy peregrino, en mi tilde,
que alaba aquí, tu firmeza.

Chillán

Pesebre de mi familia, que le teme a los temblores,
pues sabe de esa vigilia, esperando los albores.

Tu monumento de Iglesia, conmemora a aquellos muertos,
del treintainueve, de amnesia, que supo crear, nuevos huertos.

Por Libertad, a la plaza, tu pasado ferroviario,
tiempo de amor, que no pasa, pues vive en cada rosario.

Tu mercado es conocido, en extensas latitudes,
lo comido y lo bailado, atrajo a esas multitudes.

Chillanense, provinciano, que aún conservas las costumbres,
de compartir, buena mano, tu amor, de las altas cumbres.

Tu volcán, que ha iluminado, miles de noches y días,
y tus termas, que han sanado, almas, con mil alegrías.

Chillán, de mi matrimonio,
en Santo Domingo, entero,
vas alejando al demonio,
con tu corazón, sincero.

Chillán Viejo, Confluencia,
camino a Pinto, y Coihueco,
Quinchamalí, es tu ciencia,
pues Dios sí escucha tu ruego.

Arrau y Ramón Vinay,
Nicanor Parra, y parientes,
Ohiggins, Colvin, Brunet,
y miles de otros valientes.

Va en mi sangre, un huracán,
por la herencia de mi abuela,
mujer de fe, de Chillán,
que si no corre, ella vuela.

Los Ángeles

**Ciudad de los siete ríos,
de la región pluriforme,
con tu arteria, el Bío Bío,
que siempre va disconforme.**

**Personas hospitalarias,
angelinos, mensajeros,
enviados, por mil hectáreas,
cual laboriosos granjeros.**

**Se nutren de las montañas, nevadas, de grandes cumbres,
de riqueza, en las entrañas, de personas, que son lumbres.**

**Cariñosos, silenciosos, como el campo, prodigioso,
de los vados pedregosos, y del bosque victorioso.**

**De amores y de familias, extensas, muy imantadas,
que acogen, con sus vigilias, de ilusiones, trasnochadas.**

**Salto del Laja y celulosa,
papel, cartón, ya sensibles,
a la humanidad, ansiosa,
que sufre los imposibles.**

**Tradicional, se santigua,
tu religiosidad, mariana,
y no quiere ser antigua,
tu fraternidad cristiana.**

**Te cuidan y te conducen,
los ángeles, combatientes,
son serenos, nunca lucen,
como espíritus valientes.**

**Ciudad de las alegrías,
de sencillas madres, firmes,
pitonisas, en armonías,
de un futuro que confirmes.**

Concepción

Tus ciudadanos activos,
son críticos y baluartes,
de movimientos altivos,
que impactaron en las artes.

Tus cerros y tus parques, y tu Bío Bío, enorme,
llenaron mis almanaques, y nunca quedé conforme.

Tu lluvia y tu viento frío, me sorprendieron, callados,
de neumonía, ya no me río, te recorrí, por mil lados.

Por Barros y por la plaza, por Freire y al terminal,
por Caupolicán, carnaza, por Brasil, a su carnaval.

El magnolio se recuerda, de miles de temporales,
su centro verde, es mi cuerda, con fe, rompiendo los males.

Por Lota y por Coronel, hasta Tirúa que canta,
su salmo mapuche, es fiel, que ni en San Pedro, se espanta.

Ciudad sureña, pujante, en tu universidad, soñaste,
un Chile más incluyente, plena justicia, anhelaste.

Tu ritmo de convivencia, observadora, brillante,
te vistes de lila y ciencia, y luces como un diamante.

En tu seno hay concepción, de santísima entereza,
de filosofía y misión, de laicismo y su firmeza.

Amiga, vas bien vestida, a la fiesta de ciudades,
de violeta, convertida, de carismas, a raudales.

Humanismo florecido, en los obreros y puertos,
entre mineros, escondido, en dirigentes ya muertos.

Salva tu río, salva tu tren, salva tu bosque y tu llantén,
salva al pudú y al merquén, libera hoy, a tu hermano, amén.

Temuco

**Me fui solo a conocerte,
ciudad del Ñielol, dormido,
en mi juventud, a verte,
en tu tesoro escondido.**

**Eres el agua de vida,
para las culturas sabias,
acertijo, en tu partida,
que calmaron viejas rabias.**

**Bilingüe, tan complaciente, no te han podido escuchar,
con tu idioma, renaciente, esos te quieren domar.**

**Y tu avenida Alemania, para mí, es el gran Lautaro,
que con su fuerza pagania, resucita cual disparo.**

**Temuquense ¿por qué apoyas, la destrucción, con su brazo?,
¿por qué no cambias de argollas, con quien te brinda su abrazo?**

**Temuco, no te conformes, con los "indios picarones",
y, con inglés, no deformes, tu cultura, ni botones.**

**Que la belleza europea, ya no mate tu hermosura,
que tu alma, nunca es fea, es preciosa, fiel y pura.**

**Chile, para los chilenos,
Temuco, a los temucanos,
bendición para los buenos,
y aléjense aquellas manos.**

**Tu mercado, es para ventas,
tu pueblo, que no es de esclavos,
no vivas sólo de rentas,
vive, sacando esos clavos.**

**Hijo del pueblo mapuche,
no digas "Araucanía",
que todo el país, sí escuche,
tu canto, y tu letanía.**

Valdivia

Con su arteria y gran río,
el Calle Calle imponente,
y en su aire puro, confío,
y en su hospitalaria gente.

La belleza convincente, de su camino fluvial,
donde la luna, inocente, se refleja, en delantal.

Terremotos, sus vestigios, trocaron su geografía,
no le presenten litigios, a su humanismo vigía.

La Isla Teja engalanada, de amor y naturaleza,
donde crece, esperanzada, su juventud y entereza.

El muelle y los pescadores, junto a sus lobos marinos,
aplauden, como a cantores, a turistas peregrinos.

Su plaza y su catedral,
conservan su larga historia,
su rodoviario central,
alientan nuestra memoria.

Su sangre que va esparciendo,
los genes de la hermandad,
algo nuevo está naciendo,
¡reserva de humanidad!

Desde Corral y Mansera,
hasta Niebla y sus orillas,
con su fuerte y su bandera,
para el alma son semillas,
de una historia, verdadera,
donde tú, integrado, brillas.

Torreones y hospedajes,
colegios, comercio activo,
acogiendo nuestros viajes,
¡aquel valdiviano altivo!

Osorno

**Con tu hospitalidad sureña,
conversando largamente,
en tu plaza, tan risueña,
y el frío nubló mi mente.**

**Te acusan en muchas partes,
de no ser integradora,
entre colonos y partes,
y, a veces, marginadora.**

**Por tus zonas ganaderas, lecheras, tan conocida,
ciudad de almas, banderas, que tejen tu buena vida.**

**Tu gente, aspiracional, nunca ha querido dejarte,
su partida, ocasional, volvieron a cultivarte.**

**Casi mil kilómetros al sur, de la ciudad capital,
tu ilusión, no es un albur, tu esperanza fiel, total.**

**Osorno, tu incandescencia, de volcanes inauditos,
se forja en tu fiel presencia, entre parajes benditos.**

**Los lagos y las cascadas, el turismo, abecedario,
de valores y alboradas, la acogida, es tu salario.**

**Ni lo buscas, ni compites,
está en lo gris, tu belleza,
solidaridad, repites,
tu ritmo, que no es pereza.**

**El reloj y el horario,
se duermen, y se relajan,
te motivan, siempre, a diario,
osorninos, que trabajan.**

**Tu queso y tu leche pura,
de Chile, es su fortaleza,
y, en tu provincia madura,
la ternura y la tibieza.**

Puerto Montt

**La lluvia me atrapa siempre,
en Puerto Montt, silencioso,
desde enero hasta diciembre,
verde, es este hogar, lluvioso.**

**De paso hacia Chiloé, en aquel tren que ya no existe,
misionando por la fe, en este nido, persiste.**

**En el Techo para Todos, que creció, con la ciudad,
expandiéndose en recodos, entre cerros, de humildad.**

**Entre alumnos e internados, aprendiendo a ser mejores,
capital de los curantos, y de salmones ahumados.**

**Sentado allí, frente al mar, y al seno Reloncaví,
engordado, por azar, enamorado y feliz.**

**Angelmó del buen pasado, turístico e indulgente,
recuerdos de lo que he andado, contra el viento impenitente.**

**Un recuerdo para aquellos,
los lolos que se han quemado,
privados de libertad,
con su gran sueño abortado.**

**Ciudad de plena esperanza,
que quiere ver la justicia,
que de tejer, no se cansa,
y de lavar la inmundicia.**

**Fuiste bodega de astillas,
monumental, como un cerro,
tus árboles, de rodillas,
se fueron para el destierro.**

**Como puerto verdadero, quieres surgir, y es tu sello,
que esconde un canto primero,
de fraternidad, muy bello.**

Isla de Chiloé

En Pargua crucé el Canal, Chacao, en bella aventura,
aprendiendo del local, del chilote, en su cultura.

Ancud, me miró en el Cristo, de su iglesia catedral,
y de su amor, no resisto, me libró de todo el mal.

En Castro y sus palafitos, y su engalanado templo,
con sus cien potentes ritos, por su gran fe, aún yo tiemblo.

En Quellón, gorro de lana, he comprado para el frío,
su pueblo y su vida sana, me animaron, y sonrío.

Misionando en Butachauques, por Mechuque y Añihué,
en Nayahué, unos buques, varados, yo avizoré.

En isla de Tac, contento, saltando, en un gran tambor,
pude escuchar, siempre atento, cuentos de amor, desamor.

Por las islas, navegando, maravillosas, pacientes,
de agua, el bote, fue llenando, cantando, fuimos valientes.

Sesenta días completos, en dos febreros seguidos,
relegados por decretos, con mil estrellas, sin ruidos.

Fuimos a ser misionados, por ancianos y mujeres,
por familias y allegados, que, en esperanza, no mueres.

Con más de veinte curantos, fuimos bien agasajados,
y nos llenamos de espantos, de tanta comida, hinchados.

Recomiendo a los chilenos, visiten a Chiloé,
pescadores de los buenos, campesinos de la fe.

Con sus fiestas religiosas, en Caguach, del Nazareno,
participan, contagiosas, acogiendo al extranjero.

También, le vimos los pasos, al "trauco", ya tan vejete,
que enamora con sus lazos, con su magia y su carrete.

Coyhaique

De la Trapananda antigua,
al Aysén actual, moderno,
su capital se santigua,
su belleza, en pleno invierno.

La gente con sus leyendas,
mágicas y misteriosas,
de raptos, de las afrentas,
de feos traucos y diosas.

Tu lindura que nos duele, y tu humanidad vigoriza,
tu ventarrón estremece, y tu paisaje hipnotiza.

Y toda canción es bella,
contemplando tus senderos,
y el bosque quemado es huella,
de los ignotos pioneros.

Y en su plaza creativa, confluyen todas las calles,
sencilla de la nativa, ciudad de los hospedajes.

Chimeneas hogareñas, que comparten mil palabras,
de las personas risueñas, que disfrutan, nunca ladran.

Su humo de la confianza,
se me ha impregnado en el alma,
la belleza no se cansa,
y el cerro Mackay me calma.

Sus bellos lagos, tan verdes, sus montes y sus volcanes,
canto de vida, en las muertes, de pobrezas y avatares.

El abrazo de Coyhaique,
te dura esta vida, y más,
y su agua es cristal, que,
quiere al mundo dar su paz.

La gloria de esta ciudad, es su himno permanente,
tan salvaje y su bondad, nos hace ser diferentes.

Punta Arenas

Es patagónica reserva, del agua y de los valores,
del viento que nos conserva, libres de malos olores.

El corazón de la patria,
se encuentra por sus caminos,
tan hermosos y sufridos,
hermanando sus destinos.

Aunque yo no besé el dedo,
del patagón indio altivo,
volveré, con mi relevo,
a esta ciudad, fugitivo.

Anfitriones tan australes, solidarios y esforzados,
que exorcizan de los males, con sus juegos disfrutados.

En una región de ovejas,
de estancias y de ovejeros,
el ciudadano y sus quejas,
las presentan, aun sin fueros.

Chile entero necesita,
a Magallanes completo,
con su capital que grita,
por la justicia, un gran reto.

Mi anhelo es que los chilenos, puedan conocerte un día,
que contemplen tus senderos, tus costumbres y energía.

El chocolate más fino, la zona franca viviente,
el cementerio y el trino, del pájaro combatiente.

Tus mansiones y museos, tu puerto y tus pioneros,
el estrecho y los paseos, son deleites verdaderos.

Lo mejor está en su gente,
que ha optado al vivir aquí,
que es comunidad conciente,
luchando por ser feliz.

Angol

**El verde se ha iluminado,
con el sol, libre, saltando,
como un unicornio alado,
con tu alma, vas animando.**

**Malleco unido, no es lema,
es ansias del ciudadano,
que construye, con su gema,
pueblo hermoso, bien cuidado.**

**La caballería dorada,
soñadores que vislumbran,
de su prístina alborada,
paz y bien, que nos deslumbran.**

**Estás forjando soldados,
que decorarán la tierra,
con artistas olvidados,
con amnesia de la guerra.**

**El viaducto, encumbrado,
es saltado, en pensamientos,
pues ese infante, ha quebrado,
glorias, plazas, monumentos.**

**Angol, de la paz sencilla,
que nunca ha sido arrogante,
cuánto ha crecido la villa,
con su brisa, de estandarte.**

**Dame tu pan amasado,
dame tu, tan dulce, vino,
dame tu aroma atizado,
oh, fraterno campesino.**

Cañete

**Me has sitiado el corazón,
con tus platos exquisitos,
y seducen mi razón,
tus costumbres y tus ritos.**

**Heroica y ambigua,
triple conquistada,
tu mezcla, es antigua,
mestiza, encantada.**

**Por tu plaza, me he perdido,
con signos huincas, mostrando
y un coro mapuche, herido,
coexistiendo y bailando.**

**Libremente caminando,
en Cañete, por sus vías,
al Museo, vas llorando,
y vuelves con alegrías.**

**El cañetino ha fundido,
lo mejor de dos culturas,
laborioso, ha combatido,
y es pasivo, en mil alturas.**

**Sin mordazas, sin cadenas,
tu infancia crece, al laurel,
tan rectas, como esas penas,
que rompieron el tropel.**

**Los copihues y carretas,
y las nuevas construcciones,
se van cambiando las metas,
desafíos y emociones.**

Coronel

**Desde Conce, hasta Tirúa,
tú revives laborando,
tu mente, como ganzúa,
que abre puertas, reinventando.**

**Tu gente con inquietudes,
aspiracionales, medios,
luchando, con sus virtudes,
con garra y fe, sus remedios.**

**Aunque pobreza te cubre,
te decore, con sus manos,
desde noviembre, hasta octubre,
compartes pan, como hermanos.**

**Mil peces, los pescadores,
carbón, de tus fiel mineros,
su leña, los leñadores,
todos aportan, sinceros.**

**Con las madres temporeras,
campesinas, comerciantes,
del turismo, compañeras,
de amigos, entusiasmantes.**

**En tus carencias, regalas,
tesoros, tan cotidianos,
y en tu humanismo, exhalas,
nuestros dolores, livianos.**

**Tu fe, que va desafiada,
por consumo de sustancias,
por el alcohol, condenada,
a ser esclavo, de estancias.**

**Coronel, oh Coronel,
¿te ascienden a General?**

Lota

**Monumento de aquel Chile,
explotado y enfermizo,
por el rico, que decide,
esclavizar al que quiso.**

**Belleza, entre mil pobrezas,
de un bello parque europeo,
que, en medio de las tristezas,
soñó, con un mundo nuevo.**

**Las casas, comunitarias,
de hambre común y llantos,
son hermanos, como parias,
maltratados, con espantos.**

**Lavanderías grupales,
cocinerías comunes,
medicina contra males,
salarios malos, mal lunes.**

**Cultivo de ideologías,
lógicas y racionales,
de un mundo sin alegrías,
de egoísmos patronales.**

**Al país, Lota, dio todo,
y nunca le ha bien pagado,
determinismo del lodo,
pues su aporte se ha olvidado.**

**Por sus calles y sus ferias,
sus olores subterráneos,
de mariscos y de estrellas,
y de aires mediterráneos.**

Talcahuano

**Con tu pasado, anegado,
por el tsunami, cubierto,
con tu presente, abnegado,
revives, y estás despierto.**

**Tu esperanza, que subsiste,
entre tantas maldiciones,
tu familia, se resiste,
a abandonar tradiciones.**

**El terremoto, ha inyectado,
solidaridad por tus venas,
compartiendo, has demostrado,
fuerza, que vence a las penas.**

**Ciudad grande, con tu puerto,
y San Vicente, conciente,
que nunca te den por muerto,
eres valiente, inconsciente.**

**Tus calles caracoleadas,
en curvas que van al cielo,
tus banderas, bien flameadas,
y tu amistad, rompe el hielo.**

**Y el Huáscar, encadenado,
cautivo, resplandeciente,
que se siente aprisionado,
de una guerra, no reciente.**

**Turistas y visitantes,
peregrinos, vagabundos,
marinos y tripulantes,
te saludan, trotamundos.**

Cauquenes

Los viñedos de mi patria,
que te rodean, felices,
tus vinos, cantan un aria,
te alegran, las codornices.

Te ofrece gentil, su casa,
cauquenino, acogedor,
su generosidad, no se pasa,
con el frío, o con calor.

Vino tinto, de esperanza,
vino blanco, de pureza,
vino rosado, confianza,
vino añejo, es realeza.

Desde tu rincón maulino,
nos brindas tu buen granero,
y tus piedras del molino,
tu harina y tu miel, de enero.

Vas educando a tus niños,
y le inculcas tus saberes,
con la fuerza y con cariños,
sus derechos y deberes.

Y así tu fe, cristalina,
va creciendo, cual vertiente,
y va nutriendo la vida,
de tu gente, persistente.

A Cauquenes hay que ir,
a Peyuhue, y hasta Chanco,
y te puedes sonreír,
junto al tuerto, y con el manco.

Puerto Varas

**Viviendo en una postal,
de una divina belleza,
junto al cielo, horizontal,
de tu lago y su grandeza.**

**Matrimonios invencibles,
que luchan y que construyen,
que producen, increíbles,
familias, no se destruyen.**

**Por tu comercio vigente,
tu turismo, potenciable,
brindas pureza a tu gente,
y paz, nunca comerciable.**

**Navegas, con el futuro,
que te unirá a Puerto Montt,
y no habrá puente, ni muro,
que amenacen tu misión.**

**Por eso, pude apreciar,
melodías inauditas,
del ver, escuchar y actuar,
por tus calles, tan benditas.**

**Tus pioneros alemanes,
nos dejaron su trabajo,
sus hijos, sus ademanes,
de siempre surgir, de abajo.**

**Gran fe y tu gran confianza,
en las empresas humanas,
avanzando, a lontananza,
tras semanas, tras semanas.**

Puerto Aysén

Tu hermoso puente colgante,
que balancea, día a día,
tu labor, pionera, amante,
y te besa, en alegría.

Puerto, de puertos sureños,
de Patagonia nortina,
me voy tocando tus sueños,
por calles y por cantinas.

Se opone al profundo centro,
del Santiago, tan lejano,
y propone, muy de adentro,
regionalismo, cercano.

Quedó tan traumatizada,
tu gente, por esas muertes,
de jóvenes, matizada,
de silencios y otras suertes.

Y todos tus habitantes,
se conocen, largamente,
sus familias, sus talantes,
sus discursos y su mente.

Laguna San Rafael,
y mil vericuetos bellos,
te inspiran a amar a Aquel,
que, su Luz, da mil destellos.

En buques y en lanchas,
en autos y en buses,
conoce, a tus anchas,
a Aysén, y no abuses.

Cochrane

Por Río Tranquilo, paso,
después de mi Puerto Ibáñez,
rumbo a Cochrane, yo traspaso,
mis límites, no te extrañes.

El Hudson, grito y volcán,
que erupciona, y que asfalta,
el camino, con su afán,
de pavimentar, y salta.

Carretera austral, rodea,
el lago, enorme, Carrera,
y un largo viaje, que otea,
a este pueblo y su bandera.

Caballos heterogéneos,
para recorrer el rumbo,
salvajes, por sus terrenos,
los más australes, del mundo.

Hermosura en el diseño,
urbanístico y total,
integrado, como ensueño,
al paisaje sideral.

Combustible de emociones,
para felices viajeros,
que cargan, con su canciones,
barriles de mensajeros.

Por tierra o por avión,
tu geografía, te abraza,
y surge así, una oración,
para el Dueño, de esta Casa.

San Antonio

**Un gran puerto, no se olvida,
con sus leyendas e historias,
por su canto y su comida,
pescadas y zanahorias.**

**Miles de contenedores,
de frutos y minerales,
de salmones y mejores,
vinos, aceites y sales.**

**Tu pueblo está en penitencia,
la economía, le ahoga,
nadie le tiene clemencia,
ni por su justicia, aboga.**

**Y hay llantos de pobres,
en esta riqueza,
plata, oro y cobres,
que dejan tristeza.**

**Turismo humanista,
que quiere alentar,
a aquella artista,
para amamantar.**

**Aquí pasó Juan Alsina,
cura obrero, catalán,
un mártir que se empecina,
anunciando, su buen Pan.**

**San Antonio, que protege,
la comuna crecedora,
que, con su rito, estremece,
por justicia, aquí y ahora.**

Algarrobo

Con tus trajes elegantes,
tus veleros blanquecinos,
te has vestido, como antes,
con tus dilectos vecinos.

A Misa dominical,
en tus variadas capillas,
orando, en el litoral,
silenciosos, en puntillas.

Algo roba, en Algarrobo,
dijo un poeta vulgar,
que, en esa oveja, vio un lobo,
que nos quiere devorar.

Tu teatro Municipal,
que pudo oír mis canciones,
en un tiempo, angelical,
solidario, de ilusiones.

Tu gente, la más conspicua,
se quiere, siempre, mudar,
por una visión, antigua,
"cada uno, en su lugar".

Creciendo, Algarrobo,
no mates tu alma,
ni el hurto, ni el robo,
arrasen tu calma.

Chile entero, en tu marina,
quiere pasear y pasear,
disfrutando, cantarina,
viendo al sol, se hunde, en el mar.

Santo Domingo

**Belleza tan selectiva,
condominios de hermosura,
luciendo tu cara altiva,
comuna, en riqueza dura.**

**Tus campos de golf,
tu viento del mar,
tu verde armazón,
tu prado y tu hangar.**

**Ya vienen las nubes,
debemos volar,
muy rápido subes,
para regresar.**

**¿Y dónde se fue Domingo,
ferviente predicador,
que dio el nombre, sin respingo,
a este lugar, sin dolor?**

**Difíciles retos,
debes enfrentar,
con nanas y obreros,
y sin marginar.**

**Aquellas celebridades, del inmenso mundo vienen,
a recrearse un momento, sin sospechar el tormento,
que muchos pobres padecen.**

**Santo Domingo, es un bingo,
pura suerte, "ganadores",
y sólo a verte, yo vengo,
al cielo de los verdores.**

Talagante

De mi niñez, te conozco,
pueblo de brujas, y amables,
caminando en ti, en lo tosco,
leyendas muy agradables.

Tu provinciana plaza,
comparte vida, bullendo,
si tú, te vas a la playa,
o vas a Santiago, al centro.

Un loquillo se tiraba, un piquero desde el puente,
del tren, cuando aquel pasaba, a la piscina, valiente.

El río, con mil secretos, de veranos y recuerdos,
durante el año, contentos, se emocionaban los cuerdos.

Compartiendo la comida, en los picnic populares,
ya se acabó la bebida, vino y melón, singulares.

El camino a Melipilla,
se repletaba de gente,
comiendo esa sopaipilla,
con ese ají, tan potente.

Por su Iglesia y por sus calles,
con la alegría, sincera,
hacen mandas, no les falles,
fe mezclada y verdadera.

Talagante, ¿qué has perdido,
con la autopista del Sol?,
el peaje no ha vendido,
tu alma y tu resplandor.

Melipilla

Eres el centro importante,
de los villorrios y campos,
que vas nutriendo, al instante,
de productos, para tantos.

En tu vida saludable,
plena de fe, y de esfuerzos,
tu familia, es el buen cable,
a tierra, ya sin lamentos.

Cuatro espíritus te dotan,
de tu identidad profunda,
fe, trabajo, que rebrotan,
paz y esperanza, rotunda.

Del San José de Logroño,
a la Melipilla actual,
un fructífero terruño,
no se agota tu caudal.

Cabeza de muchos pueblos,
de San Pedro, a Curacaví,
María Pinto, hasta Alhué,
quien vive aquí, es feliz.

El que se fue a Melipilla,
por cierto, ganó una silla,
la cosecha y la vendimia,
y el cielo, qué maravilla.

Los cantantes, trovadores,
van rescatando memorias,
de gozos y sinsabores,
de tu gente, y mil historias.

Lautaro

**Indómito, como el toqui,
libertario, inteligente,
pueblo histórico de enroque,
con Temuco, e insurgente.**

**Avances del campesino,
en reformas, remecido,
por el tren del sur, vecino,
por conflictos, no vencido.**

**Paso de Laura Vicuña,
la santa niña chilena,
hacia Junín, de su cuña,
convirtió en Amor, su pena.**

**Refugio y oasis puro,
para combatir las guerras,
de aquel tiempo, más oscuro,
divisiones, que te aterras.**

**En un lugar de tu plaza,
se presenta un luchador,
que se respete a su raza,
y ofrece su sabio ardor.**

**Traro veloz, que siempre luchas,
por la tierra y la herencia de tu gente,
tu ingenio al luchar, nace si escuchas,
al más indómito, líder y valiente.**

**La lanza que traspasó tu pecho,
no mató tu espíritu mapuche,
pudieron destrozarte, pero el hecho,
es que venciste, en este luche.**

Villarrica

Con tu volcán burbujeante,
eres hermosa, apreciada,
por tus bosques, anhelante,
por tu familia, extasiada.

Con tu foresta sagrada,
del ulmo y del raulí,
de la tepa y del alerce,
copihue, y flor de alelí.

Herencia de la conquista,
capuchina, misionera,
que evangelizó la pista,
del servicio, en piel morena.

La riqueza está en tus templos,
en tus templos, la confianza,
la confianza, como versos,
de oraciones, de crianza.

Es Vicariato atractivo,
paraíso de turistas,
del santiaguino más vivo,
tranquilo, sin periodistas.

Tus lluvias te limpian, te muestran a Dios,
tus vientos se agitan, bendicen tu arroz,
tus flores te cantan, tus pájaros ríen,
aquí en Villarrica, trabajo y amor.

Un retiro permanente,
para el alma agitada,
oyendo al Señor, presente,
Villarrica, conquistada.

Lonquimay

Cabeza de río o bosque tupido,
es pehuenche andino,
que el sueño atrevido,
despierte al dormido.

Cultura ancestral activa,
que dinamiza a los niños,
que en esta, su nieve altiva,
humaniza con cariños.

Su lengua del bosque, del río sereno,
por donde lo busque, ya está un extranjero.

Lonquimay, Malleco,
tú irás a Victoria,
con tu gris chaleco,
Perquenco y memoria.

Antiguos caciques te hacen recordar,
aquellas batallas, por "pacificar".

Veo el túnel Las Raíces,
y el Velo de la Princesa,
Salto del Indio, felices,
los retengo en mi cabeza.

Libres, los niños actuando,
en un día, que ha nevado,
su corazón, van formando,
compartiendo lo rezado.

Despierte el pasivo,
que el sueño ha vivido,
del pehuenche andino,
de mi Lonquimay, querido.

El Tabo

Permiso, El Tabo, permiso,
para recorrer tus bellas,
playas, y tu granizo,
de esperanzas y de estrellas.

Desde Isla Negra, me ha escrito,
Pablo, el Nóbel de mi tierra,
me ha invitado y él me ha dicho,
le ayude a ganar, su guerra.

Por delante, las bellezas,
por detrás, tristes pobrezas,
tu corazón, en tibiezas,
caliente o frío, ¿y qué rezas?

Al lado de las gemelas,
torres, que nos pregonan,
el buen tiempo y sus secuelas,
de afectos que no perdonan.

Balnearios y condominios,
se transforma el corazón,
de Las Cruces y dominios,
trabajo y tesón, fe y razón.

Del litoral, lo mejor,
ofreciendo a nuestros piños,
con inolvidable ardor,
más escuelas, para niños.

El Tabo te salva,
de ahogarte en el mar,
te protege y calma,
nunca es por azar.

Viña del Mar

Cerro Castillo es palacio,
más allá del Reloj de Flores,
de Viña, donde Pancracio,
trabaja, amasando amores.

Palacios Rioja y Vergara,
castillo Wulff y Reñaca,
caleta Abarca, no para,
por Sausalito, se estaca.

El Marga Marga, es la vena,
abierta en el corazón,
y tu Casino, en faena,
Ciudad Jardín y misión.

Tu Festival del verano,
de canciones olvidables,
y el turista da su mano,
con propinas saludables.

Carnes, mariscos y vinos,
se remata, en tu mesón,
para gringos, y argentinos,
y a todo Chile, en sazón.

Por Agua Santa y Recreo,
Palacio Carrasco, antiguo,
hasta Olivar, sí le creo,
a Expedito y me santiguo.

Cada día hace una fiesta,
para recibir, contenta,
ya que atender, no le cuesta,
ciudad abierta y atenta.

San Felipe

Plaza tupida, en follaje,
de provincia fiel, soleada,
ofreces frutas, al viaje,
por Aconcagua, nevada.

Por Auco y por Calle Larga,
por calles, casi desiertas,
polvorientas, no me amarga,
tus ofertas descubiertas.

Misteriosas y calladas,
solidarias y creyentes,
sanfelipeñas, aladas,
con tus niños, impacientes.

Hablando con lava pura,
de tu ardiente vendaval,
temporeras, en la oscura,
injusticia, en carnaval.

Tienes tu joya escondida,
en suelos de Curimón,
trigales, y uva bendecida,
del Sagrado Corazón.

Tu gente alegre, nos mira,
saludando, con respeto,
sabe superar su ira,
Cuidad Feliz, es tu reto.

A la sombra del durazno,
del más dulce nectarín,
llevas cargando, en tu asno,
mil brevas de tu jardín.

Los Andes

Saludo a tus ferroviarios,
trasandinos, combatientes,
de un mundo activo, de varios,
sueños, tan convalecientes.

Tu centro que regatea,
tu comercio, dinamiza,
que nos canta la batea,
que a aquellos, intranquiliza.

Los Andes, ciudad volada,
por hierbas verdes, potentes,
con aromas, perfumada,
para usuarios, impotentes.

Ciudad frontera, conservas,
miles de diálogos, muertos,
entre valores, preservas,
la piel de proyectos, yertos.

¿Cuándo tendrás el gran túnel,
que transporte, hasta el Brasil?
¿cuándo tendrás el perfil,
de ser blanca capital?

Santa Rosa de Los Andes,
de las tres piedras paradas,
desde el Cerro de la Virgen,
se aprecian tus madrugadas.

San Esteban, Santa María,
vecinos de la alegría,
Auco, Santuario imponente,
que anuncia a toda tu gente.

En la Laguna del Inca, y en el Salto del Soldado,
y en Portillo congelado, te recibe muy agradado.

La Ligua

**Endulzando su presente,
y tejiendo su futuro,
cuidad que forma a su gente,
con emprendimiento puro.**

**Resplandor y amanecer,
de Petorca, en aymará,
tu cocada y tu alfajor,
tu dulce, no acabará.**

**El chilenito y milhojas,
el príncipe y empolvado,
el merengue y las palitas,
el relleno y mantecado.**

**Ternura de un pueblo hermoso,
que trasciende con sus dulces,
y animan al quejumbroso,
para llevar viejas cruces.**

**Chalecas y calcetines,
de lana pura, artesana,
con gorros y sus botines,
abrigan, en vida sana.**

**Creatividad en tus vecinos,
que de la nada, hacen tanto,
con Dios y la oveja, unidos,
las abejas y su canto.**

**Felicidad al viajero,
que logra abrirte la mano,
en La Ligua, el pasajero,
se alegra, y se abriga, hermano.**

Ovalle

**Molles, animas y diaguitas,
la Perla del Limarí,
con místicas que se agitan,
por un presente feliz.**

**Chamanes, cerros, quebradas,
embalses y sus encantos,
nortina ciudad, amada,
que se renueva, en cien partos.**

**Parque Fray Jorge, y Pichasca,
monumentos naturales,
en Los Peñones, renazca,
sus petroglifos, basales.**

**Las termas de Socos y las playas de la Cebada,
San Vicente Ferrer, la fe brota regalada,
y el Niño Dios de Sotaquí, te guiñe un ojo feliz.**

**Un pueblo, que, a escala humana,
interactúa y progresa,
con actitud ciudadana,
con su familia, que reza.**

**Es verdura, en el desierto,
del norte chico, inclemente,
árido, nunca ha muerto,
y el oro vale, es su gente.**

**A tientas, ya va creciendo,
recordando y recogiendo,
como un mineral, va moliendo,
sus carismas, compartiendo.**

**Con tu estación ferroviaria,
desahuciada, y combatida,
sólo carga estacionaria,
de a poco, asfixian tu vida.**

San Fernando

**Con sus leones custodios,
y San Francisco, presente,
superando, guerra y odios,
colchagüino, el huaso, al frente.**

**San Vicente y Placilla,
Chimbarongo y Pichidegua,
Peumo, a Las Cabras, mancilla,
con rojo apero, en su yegua.**

**Tu plaza de armas, con rejas,
que castigan, su belleza,
no hay pelambres, sin orejas,
ni alegría, sin tristeza.**

**Remolachas y frutales,
tabaco, trigo y conservas,
cien hierbas medicinales,
con tu don pasivo, enervas.**

**Callejón de San Fernando,
Las Chacras, de Lircunlauta,
estancia, que fue forjando,
del gañán, al astronauta.**

**Manuel Rodríguez, observa,
pequeñas revoluciones,
pueblerinas estaciones,
de otros tiempos, se conserva.**

**Un gran espejo, en mi cuarto,
me ha mostrado mi futuro,
con mi cerebro, en infarto,
de un trabajo, sin seguro.**

**No olvides a tus montañas,
visitadas de uruguayos,
cada día, no te extrañas,
del tren ramal, y sus rayos.**

Santa Cruz

El Tinguiririca baña,
las tierras de Santa Cruz,
y aroma de campo, empaña,
tu secreto y tu virtud.

Cultura chincha, chilena,
picunches, que, sin fronteras,
negra y roja, es tu bandera,
de fecundas primaveras.

Por Chépica y por Cunaco,
respiran tus castos vinos,
por Paniahue, hay un buen taco,
que alaban, los peregrinos.

En el valle de Colchagua,
está Santa Cruz de Unco,
harina tostada y agua,
y agua ardiente, en el junco.

Museo y Reloj Carillón,
decoran tu beatitud,
terrenal, como acordeón,
guitarra, arpa y laúd.

Zona huasa, y tan sincera,
sabe matar sus ratones,
que en su hacienda verdulera,
les dañan, las plantaciones.

En Nerquihue, y en Quinahue,
Lolol, y su sabia huella,
por el estero Callihue,
Palmilla, paciente y bella.

Pichilemu

Bosque pequeño y balneario,
en Terrazas e Infiernillo,
en Cáhuil, y Bucalemu,
Punta de Lobos, y su anillo.

Oleaje del Pacífico,
lugar de albas gaviotas,
donde oro y fructifico,
en mi humedal, de las sotas.

El Parque y Casino Ross,
cual palacio de Versalles,
pinos, palmas y eucaliptos,
cien palmeras, en tus calles.

Ya te robaron el tren,
y tú no te diste cuenta,
solo quedó, aquel andén,
y una despedida cruenta.

Carreras, baños de playa,
mientras el viento flamea,
variopinta ropa, estalla,
y el surfista, galantea.

Grandes olas, imborrables,
de un tsunami, persistente,
de maniobras impecables,
van recreando a la gente.

Las pensiones y hoteles,
que ofrecen rostros curtidos,
a turistas, sin cuarteles,
que acamparon, divertidos.

Hualañé

Es curicano, del Norte,
del Mataquito, bipolar,
que alimenta y hace el corte,
del puente, sin anunciar.

Pueblo, que dejó su sello,
en mi alma, desde niño,
Miguel Herrera, un destello,
mi tío, fe, miel, y cariño.

Conocí tu tren angosto,
que llegaba a Licantén,
desde Curicó, su costo,
era canto, risa, en pié.

Trilla de la yegua loca,
cosecha de los frutales,
a Vichuquén y hasta Iloca,
y faenas de animales.

Con un tío apicultor,
y otro tío comerciante,
y otro tío rezador,
y otra tía, una cantante,
he aprendido, lo mejor,
veinte primos, mi estandarte,
familia extensa, de amor,
de trabajo, mente, y arte.

Lugar del pato huala,
que transita, rumbo al mar,
que, con su aliento, exhala,
bendiciendo, el verde altar.

El Quisco

**Pueblo y comuna, con ondas,
folklóricas, armonías,
del litoral, son tus fondas,
de turistas, de alegrías.**

**El mar que no te abandona,
que susurra, con sus loas,
a la tierra, una ladrona,
que seduce, con sus proas.**

**Cientos de casas se arriendan,
para miles de vecinos,
que con tu acogida, aprendan,
cruzando cercos y caminos.**

**Recreo de santiaguinos,
de hijos, benevolentes,
que hicieron nuevos destinos,
en la gran urbe, insurgentes.**

**Los quisqueños, con sus huiros,
que recogen, con unción,
Punta de Tralca, Isla Negra,
son, cultura y comunión.**

**Y el pié de nuestra princesa,
que se negó a la esclavitud,
en la roca, quedó presa,
señal digna, y gratitud.**

**Mil historias en sus playas,
en sus juegos y carruseles,
en los circos, donde explayas,
su humor, que pinta pinceles.**

Pucón

**Tu corazón, verde y agua,
me ha atrapado la razón,
y tu fumarola, encantada,
me ha iluminado, Pucón.**

**Entrada a la cordillera,
paraíso de torcazas,
imán de gente extranjera,
y europeos, sin corazas.**

**Villarrica, Tinquilco y Caburgua,
son lagos de indómitas almas,
Palguín, Peumayén y Trancura,
las termas que brindan sus calmas.**

**Negro, burdeo y verde oscuro,
tus techumbres de gran atracción,
de piedra y madera, el fiel muro,
te brindó, segura construcción.**

**Caminatas, la pesca y el trekking,
kayakismo, cánopy y ráfting,
cabalgado y mirando a las aves,
snowboard, y el gran esquí,
en tu ser, la alegría, que sabes,
y, en tu paz, se relajan, feliz.**

**Descubre una bendición,
en Costanera de Pucón,
piscinas, un tour, y acción,
discoteca, danza, y fusión,**

**Modernidad que respete,
la antigua cosmovisión,
y un verano, de carrete,
veloz, es su tentación.**

Lebu

Indómito río, incierto,
que engañas a pescadores,
Leufú, mapuche, no has muerto,
en Arauco, mil vencedores.

Es solidaria capital,
de una provincia pujante,
de la pesca y mineral,
tu silencioso talante.

Cavernas de Millaneco,
y las rocas bramadoras,
donde se oye, el fuerte eco,
de pobrezas tronadoras.

Lebulense, campesino,
natural, que ordeña al río,
y al carbón, su buen vecino,
que se enfadó, con hastío.

Niños y niñas, cantando,
una ronda por Milene,
embarazada, y luchando,
por la justicia, que viene.

La frontera de dos mundos,
ambigua y de mestizaje,
guerras de abismos profundos,
modelaron tu paisaje.

Homenaje a estos pioneros,
que mantienen la hermosura,
de humanismo, misioneros,
persevera, en la estrechura.

Cartagena

Ciudad, balneario, inflamable,
que en verano te reactivas,
de familias populares,
y brindas luces activas.

Del siglo pasado heredas,
tu arquitectura europea,
de las suntuosas riquezas,
de fortuna, y buena era.

Te dejaron esqueletos,
serpenteantes escaleras,
playas amplias y modestos,
alojamientos, trincheras.

Playa grande y playa chica,
roqueríos y mensajes,
que quedaron, en la arisca,
calle, besos y pasajes.

Se le cortaron los frenos,
a esas viejas góndolas,
les llevará a los infiernos,
de la pendiente, a las olas.

De millonarios, a pobres,
de subidas, a bajadas,
de diamantes, a los cobres,
de dejadas, a tomadas.

En ese cerro escondido,
yace Vicente Huidobro,
el poeta encarnecido,
lo que tocó él, hoy es oro.

Cartagena, mano ajena,
tan masiva y popular,
de la intocable, chilena,
que metió los pies al mar.

San Pedro de Atacama

**En el desierto más seco,
del mundo, brotó una pizca,
del pueblo, que por un hueco,
manó vertiente, una brisa.**

**La iglesia y su torreón,
que invita a Misa, a turistas,
y optan, con su razón,
a quedarse, y ser artistas.**

**Padre Le Paige, y el museo,
respetuoso, en su equipaje,
que encanta, con su solfeo,
de la ciencia, al abordaje.**

**Al géiser, en la madrugada,
cabalgatas, todo el día,
caminando, una humorada,
que a todos, dona alegría.**

**Atacameños del norte,
rica tierra, maltratada,
minas de guerra, de muerte,
la buena mano, amputada.**

**Parajes de otro planeta,
Valle de la Luna, al sol,
pucaras, de antigua treta,
que cumplen el mismo rol.**

**Deseo que todo el mundo,
conozca el vergel sagrado,
tan auténtico y profundo,
espiritual, no lucrado.**

Cobquecura

**Santuario de aquellos lobos,
marinos, que, con su orquesta,
cual sala cuna, sin globos,
animan su bella fiesta.**

**Pacífico, pan de piedra,
pintoresco pueblo, calmo,
te levantas, buena hiedra,
a entonarnos tu salmo.**

**Lobito cobquecurano,
artista de los turistas,
nos atrapaste, en tu mano,
después de andar, mil pistas.**

**A Pelluhue y a Treguaco,
a Quririhue y a San Carlos,
con tu acogida, me saco,
el sombrero, y los zapatos.**

**Buchupureo y su vaho,
Playa Mure y Piedra Alta,
Playa Taucu y Colmuyao,
Puaun, Isla Lobería.**

**Linda Iglesia de Piedra,
Cueva de los patos liles,
Huilquicura, Noguechea,
Trehualemu y Las Raíces.**

**Rinconada y Pan de Piedra,
Santa Rita y La Boca
que nunca, nada se pierda,
de tu geografía loca.**

**El pueblo tradicional,
campesino y costero,
microclima, tropical,
papaya dulce, cestero.**

La Calera

Intersección ferroviaria,
ciudad comercial, sincera,
hacia la ciudad portuaria,
desde Santiago, Calera.

Tu piedra caliza, esconde,
parresía, resiliencia,
hospitalaria, su gente,
solidaria, es su ciencia.

Las misiones jesuitas,
por Artificio y El Olivo,
si no me das, no me quitas,
en este pueblo nativo.

Papayas y dulces frutas,
chirimoyas de la provincia,
paltas, de las buenas rutas,
dinamizan tu conciencia.

Abres tu corazón, cierto,
a familias perseguidas,
emigrantes, del desierto,
a árabes, sin salidas.

Calera, Calera,
súbete al andén,
y en la primavera,
no pierdas tu tren.

En provincia de Quillota,
herederos del Yupanqui,
oro y cobre, que brota,
para el inca, para el yanqui.

Hoy tejen modernidad,
entre tantas tradiciones,
políglotas, de unidad,
regalando bendiciones.

San Javier

San Javier de Loncomilla,
cabeza de oro, ardiente,
los vinos, tu maravilla,
la mejor cepa, vigente.

De Colbún, de Villa Alegre,
del Maule, y de Yerbas Buenas,
afluentes, de magna gente,
que saben vencer sus penas.

Cerro Pulluquén, Nirivilo,
Melozal y Puente Pando,
Orilla, y Huerta de Maule,
Bobadilla, y Vaquería,
Marimaura, y su armonía.

Campo chileno extasiado,
sanjavierino, contento,
tu mosto, ha beneficiado,
al mundo entero, y su acento.

Verduras de buena tierra,
empanadas sazonadas,
de un picante, en pie de guerra,
de tus frutas, y tonadas.

Villorrios y poblados,
a orillas, del generoso,
río, de brazos doblados,
que te nutre, muy gustoso.

Del adobe, al cemento,
hoy, tú intentas cambiar,
tu ritmo, sin un lamento,
y así, el bien, cosechar.

Limache

**Peñasco del brujo, en oro,
tu cerro se ha transformado,
y guardas un fiel tesoro,
la santa cruz, te ha animado.**

**Provincia del Marga Marga,
tu pequeña minería,
y labor, no te amarga,
viviendo con energía.**

**Turismo en las alturas,
del gran Cerro La Campana,
de tu pan, sin ataduras,
de la fruta, en tu ventana.**

**Maíz, porotos, papas y ají,
que enriquecen tus comidas,
secano, fértil, sueño feliz,
ciudad de angostas salidas.**

**Fiesta de la Trilla, en Lliu Lliu,
y el Parque Brasil, precioso,
de Los Laureles, al Estero,
y el tomate, delicioso.**

**Hoy, Casa de la Cultura,
la estación ferroviaria,
que conserva la locura,
de una familia, candelaria.**

**Nuestra Señora, tan pura,
de las Cuarenta Horas,
Patrona de la dulzura,
de la ciudad, en que moras.**

Quillota

**Humedad del Aconcagua,
buena tierra de las paltas,
y chirimoyas, y el agua,
hace verde, donde cantas.**

**Picunches agricultores,
y auríferos placeres,
son tus antiguos cultores,
y el alma, de lo que hoy eres.**

**Simpatía quillotana,
con tu miel, purificada,
palmas de Ocoa y granada,
del huerto, de la estacada.**

**Burbujas de un tiempo lleno,
de frutas de la estación,
pasado y presente, pleno,
la justicia, es tu ilusión.**

**A Hijuelas y hasta Nogales,
a La Cruz y a La Calera,
les llevo a andar por sus calles,
al Manzanar, La Tetera.**

**Tus palmeras y tus cerros,
tus plazas y tus secretos,
tus vecinos y tus perros,
belleza y luz, son tus retos.**

**Por el San Luis, conocida,
por el fútbol, tu pasión,
tu club sencillo, tu vida,
tu sueño, y tu fiel misión.**

Pozo Almonte

**De tus pozos bendecidos,
brindas agua de la vida,
a mineros, ya curtidos,
de la pampa, tan querida.**

**Provincia del Tamarugal,
milagro tan evidente,
con Pozo, de capital,
das esperanza, a tu gente.**

**A Mamiña y hasta Pica,
a La Tirana y Pintados,
Laguna y Buenaventura,
y a Guatacondo, hermanados.**

**Vamos bailando en el norte,
grande, como tu confianza,
que tu pozo no se corte,
ni fe, ni tu añoranza.**

**La Virgen morena, sabe,
interceder por sus hijos,
tiene en su mano la llave,
de amor, en sinceros ritos.**

**Alegría del viajero,
oasis de la energía,
acogiendo al pasajero,
pueblo de bella armonía.**

**Tus calles, tan pintorescas,
tu comercio y corredores,
tu plaza, en la que te arriesgas,
a quedarte, sin rencores.**

**Flor, de pampa salitrera,
tu pueblo, nutre, al camino,
hacia el mar, o a la frontera,
dame tu mano, pocino.**

Alto Hospicio

**Felicito al hospiciano,
un pionero, tan valiente,
que uniendo, mano, con mano,
supo crear, el presente.**

**Comuna, tan sorprendente,
pujante y urbanizada,
que ha acogido, a tanta gente,
en pampa, modernizada.**

**Desde aquellas chancherías,
de las modestas parcelas,
se transformó, en pocos días,
en ciudad de nuevas, banderas.**

**De Huantajaya, hasta El Molle,
San Lorenzo y Santa Rosa,
en Autódromo, el chango oye,
y el aymará, habla en prosa.**

**Multitud de identidades,
le dan vida a Alto Hospicio,
sus culturas y verdades,
les salvan, del precipicio.**

**Bandejón Central y Hemiciclo,
Plaza de Armas, beso verde,
sus niños, cumplen un ciclo,
de identidad, nueva y fuerte.**

**Unida al Iquique, inmenso,
que ya no puede crecer,
el Dragón, con fuego intenso,
dará magia, hoy, a su ser.**

**Hospitalidad, hospedaje,
bello hotel, hospedería,
hospitalarios, mi viaje,
ha sido plena alegría.**

San José de Maipo

**El río Maipo te inyecta,
fuerza de naturaleza,
y tu hijo, no se infecta,
de egoísmos, ni pereza.**

**El turismo ha potenciado,
tu vida, en la cordillera,
tu artesanía ha brotado,
y tu minería, es señera.**

**Hidroeléctricas andinas, que prenden con su energía,
a las ciudades vecinas, con sus aires de hidalguía.**

**Por La Obra y Las Vertientes,
El Canelo y El Manzano,
Guayacán, Lagunillas,
El Toyo y El Melocotón,
San Alfonso, El Ingenio,
El Boyenar, San Gabriel,
Los Queltehues, Las Melosas,
El Manzanillo y El Volcán,
son palabras armoniosas,
que atrapan, como huracán.**

**El Volcán, Baños Morales,
Lo Valdés, y Baños Colina,
El Morado, y minerales,
y termas, de agua salina.**

**Campesinos de la altura,
tus nueces, son formidables,
y tu almendra, es la más pura,
tus canteras, tus metales.**

**Pulmón natural, auténtico,
sencilla vida, y, en tu aire,
humanismo, pacífico,
que jamás, te hará un desaire.**

San Carlos

**Los itihues y españoles,
en solares y manzanas,
fusión de lunas y soles,
entre cultivo, y campanas.**

**En San Carlos de Itahue,
los sables de la batalla,
recuerdan aquel desagüe,
la sangre patriota, estalla.**

**El Ñuble, el Perquilauquén,
son los ríos, que no cesan,
de donarse, al Matusalén.
pueblo antiguo, que no calla.**

**Ninhue, Ñiquén y Cauquenes,
San Fabián, San Nicolás,
junto a Coihueco y Chillán,
te rodean, con su paz.**

**Violeta Parra, ¡presente!,
en calle El Roble, cinco, tres, cinco,
nació la artista, conciente,
que, a todo el mundo, dio un brinco.**

**San Carlos, y su Medialuna,
forjando nuevos campeones,
del rodeo y domadura,
nacional, bravos leones.**

**La fe te sostiene,
al sol, laborando,
y el tren que ya viene,
todo está cambiando.**

Quilpué

**Es paraje de tórtolas,
es linda ciudad del sol,
protegida de esas olas,
consume verdura y col.**

**Picunches del Marga Marga,
que extrajeron todo el oro,
y dejó una herencia amarga,
a su gente, el gran tesoro.**

**Limache, y Villa Alemana,
junto a Olmué y su festival,
dormitorios, en semana,
por su vida laboral.**

**En Quilpué ya se ha perdido,
una historia ferroviaria,
que unió a su país, querido,
gran familia y solidaria.**

**El Retiro y El Belloto,
están creciendo, y Los Pinos,
en autos, buses y en moto,
se forman nuevos vecinos.**

**Maravillosos paisajes,
con un cielo azul, intenso,
incorpóralo a tus viajes,
y tendrás un gozo, inmenso.**

**Quilpué, y sus piedras tacitas,
de una cultura, ya extinta,
tu ritmo, que ya no agitas,
su paz, una sonrisa, te pinta.**

Rengo

**Cacique mapuche Rengo,
el más bravo, entre los bravos,
en villa deseada, tengo,
el río que oxida mis clavos.**

**Laguna de los Cristales,
donde nace el río Claro,
que alimenta el vasto valle,
en día bueno, en día raro.**

**Las lluvias e inundaciones,
terremotos e incendios,
no alejan tus ilusiones,
surgiendo, por vuestros medios.**

**En Rosario y Esmeralda,
en Chanqueahue y Popeta,
en Malambo, algo anda,
en Cóbil y en Chapetón.**

**La agricultura manda,
la vida del residente,
y con su fe, reza y canta,
fiel cristiano, penitente.**

**La casa del patronazgo,
se ha convertido en refugio,
es comunitario hallazgo,
cooperar, sin artilugio.**

**Papa, poroto y tomate,
durazno, pera y manzanas,
uva, almendra, y ciruelas,
cosechas de vidas sanas.**

**Rengo, valiente y constante,
como el río, rumbo al mar,
todo tu pueblo, importante,
un santuario, es tu hogar.**

San Rosendo

**Comuna del Bío Bío,
pequeña y esperanzada,
que siempre la riega el río,
la mantiene, entusiasmada.**

**Su legado ferroviario,
lo hicieron una columna,
vertebral, del paso diario,
al sur y a la costa, en junta.**

**Hermosa historia del pueblo,
que se transforma, al instante,
fusión urbana, con Laja,
su forestal, diamante.**

**Por Peñaflor, Callejones,
por Vega Verde y Turquía,
Estación, de las canciones,
rancheras, de la ironía.**

**Panilemu y Las Vegas,
pigmeas localidades,
que hacen valiosas entregas,
de frutos y humanidades.**

**Que no pierdan su humildad,
la niñez de San Rosendo,
fortaleciendo unidad,
y así luchemos, viviendo.**

**Un beso al tren y estación,
enorme, de pasajeros,
que ya cumplió su misión,
de trasbordos, mensajeros.**

Victoria

**Fuerte Victoria es cabeza,
de la Araucanía Andina,
con su temple y entereza,
y se anima, en la cantina.**

**Al Parque Malalcahuello,
a Lonquimay y Perquenco,
se une, en profundo sello,
se amarra al caballo rengo.**

**Los suizos y los franceses,
los belgas, los españoles,
colonizaron, con preces,
palestinos y sus flores.**

**Patria, de la vera patria,
granero, de la hidalguía,
tu tren salió, con su latria,
y el carbón, es tu letanía.**

**De Curacautín a Tolhuaca,
los chochos de los caminos,
colorean, con su laca,
suaves lomas y vecinos.**

**Selva virgen, aserraderos,
maderas del mal negocio,
extranjeros ganaderos,
y la cerveza, del ocio.**

**Con jóvenes matrimonios,
se aumentó la población,
y así ahuyentó a los demonios,
con su estricta religión.**

**Es la puerta bendecida,
para el paraíso andino,
de la araucaria, elegida,
y del volcán, más ladino.**

Graneros

**Cachapoales temerosos,
dejaron paso a los Incas,
y a españoles, presurosos,
con sus rápidas conquistas.**

**En la Villa de Graneros,
la Iglesia de la Compañía,
aglutinó a misioneros,
y a vecinos, en su día.**

**La hacienda de la Quintrala,
donde, esclavitud, se inhala,
en la Colonia, ha marcado,
y, hasta el presente, ha tocado.**

**Tu parroquia, en la plaza,
se restaura, lentamente,
el terremoto, que arrasa,
todo adobe, de la gente.**

**Tus calles, parques y vías,
la medialuna del rodeo,
camino real y espías,
de antiguos picunches, veo.**

**Desde el Cerro Grande,
se puede apreciar el valle,
pintado, en verde, detalle,
y hasta, el macizo Andes.**

**Tu subterránea confianza,
tu romántica, tristeza,
tus grillitos, y esperanza,
me hacen volver, con presteza.**

**Granerino, peregrino,
guárdame un grano de trigo,
del amor, del buen destino,
feliz futuro, es contigo.**

Andacollo

Es el gran Río del Oro,
y es la Mina de Cobre,
donde luce, con decoro,
la fe, riqueza del pobre.

La eterna crisis, arrecia,
y afecta a los minerales,
metal bruto, se deprecia,
en los mercados mundiales.

Anda Collo, a visitar,
a nuestra Madre Morena,
a María, en su bello altar,
y ella, calmará tu pena.

Resalta en la aridez,
el inmenso, y fiel, Santuario,
y en la Gran Fiesta, su tez,
brillando, en mi escapulario.

Tu plaza verdosa,
es un buen mensaje,
tu iglesia, grandiosa,
ferviente, homenaje.

Mineros creyentes,
ofrecen sus rezos,
sus vidas, carentes,
su ansia, y tropiezos.

Tus caminos sorprendentes,
que marean, con sus curvas,
sus cuestas, tan imponentes,
y de rezar, no te turbas.

Mejillones

**Tierra bendita por los niños,
que son invitados a vivir,
en tus playas salinas,
abiertas al mundo.**

**La Capitanía de Puerto,
te autoriza al despegue,
tu espíritu, no se ha muerto,
al desarrollo que llegue.**

**El Corazón de María,
te hace comuna fuerte,
que aportas gran alegría,
nunca te quedaste inerte.**

**Guano blanco y guano rojo,
mil moluscos, y anchoveta,
aportan a un gran antojo,
de sonreírle, al planeta.**

**Desérticos escritores,
oasis de letras vivas,
cronistas y redactores,
de sus historias altivas.**

**Poetas y pescadores,
maestros y comerciantes,
gitanos, predicadores,
poetas y denunciantes.**

**Futbolistas y cantantes,
bailarines y profetas,
eternos manifestantes,
del gran amor, en sus letras.**

**Eres puerto, inolvidable,
comuna del buen presente,
del humanismo, abordable,
ajedrecista, conciente.**

El Salvador

Es campamento minero,
diseñado y convergente,
ordenado por un joyero,
de nuestra gente, valiente.

En medio del gran desierto,
árido y anestesiado,
se oye este duro concierto,
del pueblo, que va extasiado.

Agua y luz, para todos,
educación, que estimula,
a infantes, de cien modos,
donde no llega una mula.

Tu estadio y tu aeropuerto,
que te conectan, al duelo,
de sobrevivencia y cierto,
aislamiento, por el suelo.

Hey, Salvador, ¿quién te salva?,
en los años venideros,
se está agotando tu calma,
y el cobre, en resumideros.

Conserva tu historia activa,
de ideales y banderas,
democráticas, ¡arriba!,
que cantó en las cordilleras.

Tu ser, tu esencia y paisaje,
marcan las vidas, a fuego,
a Diego de Almagro, en tu viaje,
no hay retorno, no es un juego.

Caldera

Tu plaza que está llamando,
tu iglesia, siempre exhortando,
y el tren que se va esfumando,
por tus calles, voy filmando.

Wheelwright es la avenida,
central, de los calderinos,
que une la fuerte vida,
de los muelles y destinos.

La bella Bahía Inglesa,
es la auténtica princesa,
y el granito orbicular,
por Rodillo, hay que observar.

Desierto florido,
paisaje y mensaje,
del norte querido,
de mi lindo viaje.

Playa de la Virgen,
fue concesionada,
Los Pulpos, ya exigen,
Ramada, acampada.

La historia, que no se endosa,
se comparte, cual quimera,
del primer tren, que goza,
en tu escudo y tu bandera.

Balneario atacameño,
acogedor y atractivo,
tu hermosura, no es un sueño,
en tu corazón, yo revivo.

Tierra Amarilla

**Kellollampu, asoleado,
tierra de milagros diarios,
con su mineral, arneado,
dulce uva, tus salarios.**

**Tierra amarilla, va al frente,
aunque le quiten el tren,
los rieles y el presente,
sin la estación, ni el andén.**

**El sol le da fortaleza,
y el polvo, en que el oro brilla,
de su arisca entereza,
hierro y cobre, en una milla.**

**Son subterráneas las napas
del agua, que se codicia,
y los silencios, sin capas,
del pirquinero, sin malicia.**

**Plata y oro, en Cerro Blanco,
llegó el humo de Paipote,
ya no me siento en un banco,
mientras se labra un lingote.**

**Escaso verde, que pinta,
pecas en tu geografía,
quechua y aimara, en la quinta,
parcela de la sinfonía.**

**Sol, y cascos de mineros,
riquezas del norte seco,
van horadando senderos,
dentro del cerro, embeleco.**

Los Vilos

Los vientos y el chagual chico,
te ofrecen identidad,
puerto romántico,
de descanso y de amistad.

A Caimanes, Pichidangui,
Los Cóndores, Guangualí
heroicas, como la sangre,
del vino, en Quilimarí.

Las serpientes en familias,
protegieron el lugar,
de piratas, en vigilias,
y levantaron su hogar.

La buena comida eleva,
el corazón, a las nubes,
y a aquel turista que lleva,
y le dona sus virtudes.

Lo que ha costado llegar,
se olvida pronto y feliz,
por el muelle, a navegar,
el paraíso, está aquí.

La rada de Conchalí,
y la playa de Ñague,
de paso, hacia el Limarí,
tomando un ardiente mate.

Tus calles oxigenadas,
famosas cabañas vivas,
de familias recobradas,
y de mujeres altivas.

Combarbalá

**Rompiendo con el martillo,
la piedra combarbalita,
los artesanos dan brillo,
mil obras, y su escuelita.**

**El embalse Cogotí,
nutre el valle, con sus aguas,
y el campesino feliz,
con su mujer, en enaguas.**

**El Santuario de la Virgen,
de la Piedra, y la oración,
la bendición que dio origen,
a Las Chilcas, en Rincón.**

**Ciudadanos artesanos,
de un poblado artesanal,
hoy, se pulen, como hermanos,
y así, se alejan del mal.**

**El bosque petrificado,
en Algarrobal, furioso,
el turista, que ha llegado,
que lo contempla, curioso.**

**Observatorio gigante,
astronómico, vigila,
la vía láctea, al instante,
cada estrella, que titila.**

**Petroglifos siderales,
por senderos comunales,
entre roca, y minerales,
caminan los naturales.**

**Tierra, sol y trabajo,
en la posa de los patos,
Combarbalá, aquí, abajo,
pintamos tus mil retratos.**

Concón

**La vasta Playa Amarilla,
Los Lilenes y La Boca,
en Playa Negra, ya brilla,
contempla la inmensa Roca.**

**Lugar de búhos serenos,
y del oro secular,
pasado de bucaneros,
y del santuario dunar.**

**En los yates de Higuerillas,
disfruta las maravillas,
empanadas y corvinas,
y pescados, en cuclillas.**

**Tradicionales paseos,
y el turismo novedoso,
se te cumplen los deseos,
en tu litoral, pintoso.**

**Se llama la capital,
gastronómica de Chile,
campesina y oriental,
lo exótico, que se estile.**

**Concón es una sirena,
que encanta a los marineros,
ya que se olvida la pena,
navegando en sus veleros.**

**En la Roca Oceánica,
tú puedes mirar el mar,
de esta tierra volcánica,
y el sol, se va a descansar.**

Casablanca

Ciudad de Santa Bárbara,
la Reina de Casablanca,
su buena miel, cual máscara,
y su timidez, su tranca.

El estero que lo surca,
y desemboca en Tunquén,
lo fertiliza y lo marca,
al valle, y hasta el pequén.

La ruta inca, el camino,
del puerto, a la capital,
comercial y su destino,
como aduana principal.

El terreno que la incluye,
es de agrícola riqueza,
del ganado, no rehuye,
con su proverbial, fineza.

Acogiendo a personajes,
a presidentes y nobles,
que en aviones, y en carruajes,
te visitan viejos robles.

Vinos, guisos y cazuelas,
con asado, y ensaladas,
y frescas frutas chilenas,
de peras, las empanadas.

Callados, en el silencio,
forja un pueblo labrador,
casablanquino, prudencio,
que construye, con su ardor.

Villa Alemana

Es ciudad de los molinos,
y de la eterna juventud,
saca su agua de vecinos,
los pozos, de la virtud.

Un tren que viene cruzando,
por una verde pradera,
con su carga, va llegando,
cultura, humana madera.

Quebrada Escobares y El Patagual,
Lo Hidalgo y Los Sauces,
fiel viña ancestral,
chicha y chancho, en sus fauces.

Y el falso "Monte Carmelo",
que obligó a Chile a volar,
mientras nos fuimos al suelo,
por la represión, sin par.

Trabaja y crece tranquila,
nadie te puede obligar,
ya que tu fe, no se esquila,
no te la pueden robar.

Cotidianos los encuentros,
de una ciudad, aprendiz,
de seminarios y centros,
de la alfombra y del tapiz.

Disfruta tu ubicación,
en la cercanía del mar,
y en tus cerros, sanación,
ora y labora, en tu altar.

Quintero

El pequeño tren me introdujo,
a la belleza de Quintero,
que con su magia, condujo,
mi admiración, me sincero.

Don Alonso de Quintero,
conquistador español,
eligió el lugar, pionero,
por su agua, madera y sol.

Por Playas del Papagayo,
de Enamorados y el Faro,
por Caleta y por Loncura,
donde el paseo, no es caro.

Resonancias de la historia,
de un Quintero, que no muere,
de la juventud, memoria,
con su música, te quiere.

A Mantagua y a Ritoque,
Las Conchitas y La Cruz,
les piden, den un retoque,
a Quintero, en bella luz.

Hoy tu presente, es turismo,
cien por ciento natural,
tu buen aire de altruismo,
patrimonio cultural.

En la Cueva del Pirata,
y escondido en la Puntilla,
un tesoro de oro y plata,
que en los quinteranos brilla.

Parral

En la Villa Reina Luisa,
Reina Luisa del Parral,
donde se acaba la prisa,
y te liberas, del mal.

A las Termas de Catillo,
y al río Perquilauquén,
a embalses Digua y Bullileo,
la gratitud del Edén.

Parral cuna del poeta,
el vate Pablo Neruda,
su oda, que no es secreta,
tiene preguntas, y duda.

Parral, tiene una estación,
ferroviaria, con historia,
en el andén, bendición,
al pariente y su memoria.

Cerca está la indignidad,
de una colonia atrapada,
verticalismo y maldad,
y de gente esclavizada.

Parral, recobra la risa,
del lindo campo chileno,
y contempla, aquella brisa,
y al huaso, tan noble y bueno.

Valorando tu pasado,
del campesino, en reforma,
vive tu presente, amado,
que calza, hoy, con tu horma.

Santa Juana

En el Fuerte Santa Juana,
Santa Juana, de Guadalcázar,
celebran la vida llana,
desde su sencillo alcázar.

El río Lia, y los esteros,
que nacen en Nahuelbuta,
se pusieron los aperos,
al cabalgar por la ruta.

Los sanjuaninos festejan,
la Fiesta del Camarón,
y en su Semana, nos dejan,
gozo, sin caparazón.

A Tanahuillín, y Colico,
A Huellerehue, Espigado,
a Tricauco, y Diñico,
a Nicodahue, ha llamado.

A Valle Hermoso, y Cabrera,
a Las Cachañas y El Bajo,
a Chacay y a Purgatorio,
a Los Castaños, ha invitado.

Estos villorrios y aldeas,
son recintos forestales,
y lo creas, o no lo creas,
a su flora, traen males.

En la Fiesta de la Miel,
todos ríen, a granel,
en este pueblo, en su piel,
la dulzura, es su cartel.

Curanilahue

**En la provincia de Arauco,
está un vado pedregoso,
en bosque verde, es el marco,
de este pueblo, cariñoso.**

**Colico Sur y Los Ríos,
por Colico y Mundo Nuevo,
por Cifuentes y Plegarias,
por Las Quemas, yo me elevo.**

**Sectores de la comuna,
que participa, activamente,
no en palco, ni en la tribuna,
protagonista, va al frente.**

**Levanta una piedra,
que ya está sagrada,
cuidando a la hiedra,
pueblo que te agrada.**

**La educación popular,
mantuvo esa dignidad,
del ciudadano, el juglar,
que habla, en la libertad.**

**El sur, de gran esperanza
te alimenta, en la justicia,
y de intentar, no se cansa,
dialogando, es su franquicia.**

**La democracia, anhelada,
comenzó en Curanilahue,
entre la mina, asfixiada,
y represión, en la calle.**

Quirihue

**Ciudad de los fuertes vientos,
con tu colonial paisaje,
y quirihuanos, atentos,
domando el campo salvaje.**

**En el secano costero,
de la provincia de Ñuble,
crece su alma, certero,
y no hay nada que lo nuble.**

**Comidas muy atractivas,
para nuestros paladares,
fuertes cazuelas nativas,
y consomés naturales.**

**Carne de cerdo picante,
con el blandito cordero,
y el vacuno es abundante,
tomate, cilantro, al mortero.**

**Ensalada a la chilena,
y los porotos granados,
infaltables en la buena,
mesa de los abonados.**

**Radicales y bomberos,
alcaldes y comerciantes,
a nativos y a extranjeros,
sus almuerzos, desafiantes.**

**Tu arquitectura, en mi mente,
tu historia, en mi corazón,
en mi espíritu, su gente,
y en mi panza, una oración.**

Buin

Su Plaza de Armas contiene,
tranquilidad de los campos,
y el silencio de inocentes,
y las lágrimas de tantos.

Muchos te han conocido,
porque pagaron un parte,
de tránsito y han salido,
del juzgado, como el arte.

Por Alto Jahuel y Maipo,
Valdivia de Paine y el Rulo,
por Linderos y El Recurso,
por Campusano y Viluco.

Localidades amadas,
dotadas de la bondad,
de personas cultivadas,
en la tierra de unidad.

Entre sandías y frutas,
melones de la estación,
ya no me pierdo en tus rutas,
me guío por tu canción.

Los árboles tan gigantes,
que te ayudan a rezar,
y casonas vigilantes,
que te enseñan, a enseñar.

La caminata hasta el río,
es imborrable recuerdo,
de la infancia y me sonrío,
en aromas de tu huerto.

Tomé

El puerto de la herradura,
el pueblo de los tejidos,
de lana de oveja, pura,
de esperanzas, y quejidos.

Pescadores de Perales,
de Purema y de Merquiche,
de Burca, Puda y Coliumo,
Playa Blanca y Los Morros,
en la playa de Dichato,
en Pingueral y Necochea,
Cocholgüe y Montecristo,
en Los Bagres y en Tomé,
Playa Estación, Bellavista,
Punta de Parra y Quichiuto,
lugares bellos, dañados,
por el vasto maremoto.

Vamos a comer las jaibas,
y el gran salmón tomecino,
y a navegar al compás,
del bote de mi vecino.

Fábrica hermosa, un museo,
de esa época industrial,
hoy es parte de un paseo,
del turismo nacional.

Los niños de Tomé, llanos,
al futuro, tan cambiante,
ofrecen y unen sus manos,
con su amor, edificante.

Printed by Books on Demand GmbH, Norderstedt / Germany